histórias do

A MENINA
e o tambor

história
Sonia Junqueira

Mariângela Haddad
desenhos

5ª EDIÇÃO
1ª REIMPRESSÃO

Yellowfante

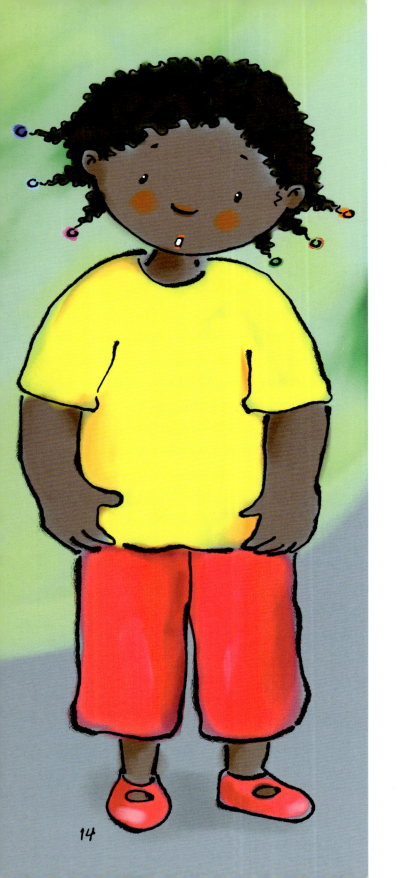

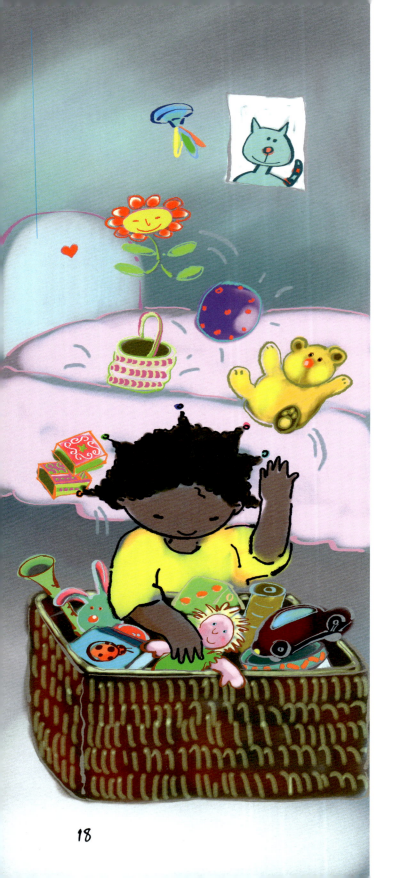

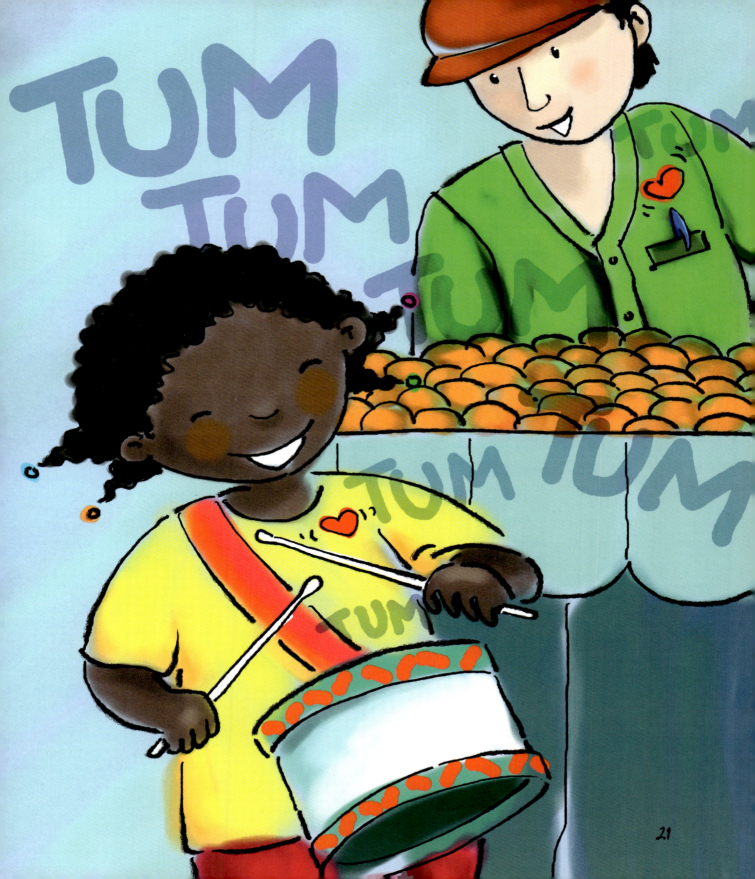

Agora, leia a história em palavras.

Eu gosto muito de música. Estou aprendendo a tocar flauta e quero aprender a tocar outros instrumentos.

Fico toda alegre quando ouço música.

Uma tarde, saí pra passear e notei uma coisa esquisita, que nunca tinha percebido: as pessoas pareciam desbotadas, descoradas, apagadas. Tristes, de cabeça baixa, sem olhar pra lugar nenhum. Não sorriam, não riam, não conversavam. Parecia que estavam preocupadas, sem ver as outras pessoas, sem ver o que existia em volta.

Aliás, tudo em volta também estava desbotado: as árvores, os muros e as paredes, as roupas das pessoas, as cores, tudo!

Fui andando e prestando atenção: aquilo estava acontecendo em todos os lugares, não era só perto da minha casa. Tentei puxar papo com um, com outro, fazer um agrado, mas nada. Fiquei besta quando um menininho recusou o pirulito que ofereci... O que será que estava acontecendo?!

Até caretas, mímicas e piruetas eu fiz, mas não adiantou, ninguém deu nem um sorrisinho. Tudo continuou triste, desanimado, sem cor. E parecia que aquilo estava piorando.

Foi indo, comecei a me sentir estranha. Foi me dando uma tristeza, um desânimo, uma vontade de ficar quieta, de fechar os olhos, de não fazer nada...

De repente, descobri que eu também estava desbotando... e levei um baita susto. Um susto tão grande que meu coração disparou. Batia forte, muito forte, dava pra escutar: "TUM TUM TUM TUM TUM TUM...".

Fiquei apavorada. Foi então que tive... A IDEIA!

"É isso!", pensei. "Claro! Já sei o que fazer pra animar esse povo..."

Corri pra casa e procurei, na caixa de brinquedos, o tamborzinho que ganhei no meu último aniversário. O tum-tum-tum dele parece com o tum-tum-tum do coração da gente. Quem sabe, se eu saísse tocando tambor pela rua, cada pessoa ia se lembrar de escutar seu coração e descobrir que estava viva?!

Pensei e fiz: saí batucando que nem uma doida. Tinha de dar certo!

No começo, todo mundo estranhou, me olhavam de um jeito esquisito.

Mas então... um sorrisinho aqui, outro ali, depois um sorriso, depois um sorrisão, uma risada... Um homem começou a batucar numa caixinha de fósforos, outro, numa lata, e a alegria foi se espalhando e tomando conta de todo mundo.

As pessoas apareciam nas janelas, aplaudiam, batucavam em panelas, na madeira, tocavam cornetas. Fui andando e batucando até a pracinha da esquina, e um punhado de gente me seguiu. Parecia desfile, o povo rindo, cantando, dançando.

A alegria só aumentava com a batucada. E o melhor: as cores foram voltando, e de repente o mundo estava vivo de novo, colorido, pura festa!

Música alegra mesmo o coração da gente, né?

A MENINA E O TAMBOR

Coleção HISTÓRIAS DO CORAÇÃO
Copyright © 2009 Sonia Junqueira (história)
Copyright © 2009 Mariângela Haddad (desenhos)
Copyright © 2009 Autêntica Editora
Copyright desta edição © 2019 Editora Yellowfante

Todos os direitos reservados pela Editora Yellowfante. Nenhuma parte desta publicação poderá ser reproduzida, seja por meios mecânicos, eletrônicos, seja via cópia xerográfica, sem a autorização prévia da Editora.

CONCEPÇÃO E EDIÇÃO GERAL
Sonia Junqueira

EDIÇÃO DE ARTE
Norma Sofia (NS Produção Editorial Ltda.)

Revisão
Marta Sampaio

Dados Internacionais de Catalogação na Publicação (CIP)
(Câmara Brasileira do Livro, SP, Brasil)

Junqueira, Sonia
    A menina e o tambor / história, Sonia Junqueira ; Mariângela Haddad, desenhos. – 5. ed.; 1. reimp. – Belo Horizonte : Editora Yellowfante, 2022. – (Coleção Histórias do Coração)

    ISBN 978-85-513-0678-9

    1. Literatura infantojuvenil I. Haddad, Mariângela. II. Título. III. Série.

19-30225   CDD-028.5

Índices para catálogo sistemático:
1. Literatura infantil 028.5
2. Literatura infantojuvenil 028.5

A **YELLOWFANTE** É UMA EDITORA DO **GRUPO AUTÊNTICA**

Belo Horizonte
Rua Carlos Turner, 420
Silveira . 31140-520
Belo Horizonte . MG
Tel.: (55 31) 3465 4500

São Paulo
Av. Paulista, 2.073, Conjunto Nacional .
Horsa I . Sala 309 . Cerqueira César
01311-940 . São Paulo . SP
Tel.: (55 11) 3034 4468

www.editorayellowfante.com.br
SAC: atendimentoleitor@grupoautentica.com.br